ORIGINES ET DÉVIATIONS

DE LA

TUTELLE ADMINISTRATIVE

EN FRANCE

PAR

ALFRED DES CILLEULS

CHEF DE DIVISION HONORAIRE A LA PRÉFECTURE DE LA SEINE,
MEMBRE TITULAIRE DU COMITÉ DES TRAVAUX HISTORIQUES ET SCIENTIFIQUES,
VICE-PRÉSIDENT DE LA SOCIÉTÉ D'ÉCONOMIE SOCIALE,
MEMBRE DE LA SOCIÉTÉ D'ÉCONOMIE POLITIQUE, LAURÉAT DE L'INSTITUT

(Extrait de *LA RÉFORME SOCIALE*)

PARIS

AU SECRÉTARIAT DE LA SOCIÉTÉ D'ÉCONOMIE SOCIALE

54, RUE DE SEINE, 54

1897

SOCIÉTÉ INTERNATIONALE D'ÉCONOMIE SOCIALE

La Société, fondée par Le Play, s'est constituée le 27 novembre 1856, pour remplir le vœu exprimé par l'Académie des sciences, en couronnant l'ouvrage intitulé les *Ouvriers européens*. Elle applique à l'étude comparée des diverses constitutions sociales la méthode d'observation, dite des monographies des familles. Elle reproduit les monographies les plus remarquables dans le recueil intitulé les *Ouvriers des deux mondes*, et publie le compte rendu *in extenso* de ses séances dans la *Réforme sociale, bulletin de la Société d'économie sociale et des Unions*.

La *Société d'Economie sociale* se compose de *Membres honoraires* versant une cotisation de 100 francs par an, au minimum, et de *Membres titulaires* payant 25 francs. L'un et l'autre de ces deux prix donnent droit à recevoir la *Réforme sociale*, qui est adressée à tous les Membres deux fois par mois, le 1er et le 16 ; et les *Ouvriers des deux mondes* qui paraissent par fascicules trimestriels.

De 1865 à 1885 le *Bulletin* des séances forme 9 vol. in-8° avec tables méthodiques. La collection complète (rare) : 68 francs. — Depuis 1886, le *Bulletin* est remplacé par la *Réforme sociale*.

LES UNIONS DE LA PAIX SOCIALE

Les *Unions* ont pour but de propager et de mettre en pratique les doctrines de l'*Ecole de la paix sociale* Elle sont réparties par petits groupes en France et à l'étranger. Leur action s'exerce par l'intermédiaire de CORRESPONDANTS locaux.

Les membres sont invités à transmettre au secrétariat général les faits qu'ils ont pu observer autour d'eux, ou les renseignements qui sont parvenus à leur connaissance. Ces communications sont, suivant leur importance, mentionnées ou reproduites dans la *Réforme sociale*.

Les *Unions* se composent de membres *associés* et de membres *titulaires*. Les membres *associés* versent une cotisation annuelle de 15 francs (France et étranger) qui leur donne droit à recevoir deux fois par mois la *Réforme sociale, bulletin* de la *Société* et des *Unions*. Les *membres titulaires* concourent plus intimement aux travaux qui servent de base à la doctrine des *Unions* ; ils payent, outre la cotisation annuelle, un droit d'entrée de 10 francs au moment de leur admission, et reçoivent, en retour, pour une *valeur égale* d'ouvrages choisis dans la *Bibliothèque de la paix sociale* et livrés au prix de revient.

Pour être admis dans les *Unions de la paix sociale*, il faut être présenté par un membre, ou adresser directement une demande d'admission au Secrétaire général, rue de Seine, 54, à Paris. — Les noms des membres nouvellement admis sont publiés dans la *Réforme sociale*.

COMITÉ DE DÉFENSE ET DE PROGRÈS SOCIAL

La *Réforme sociale* publie *in extenso* la plupart des conférences faites sous les auspices du *Comité de défense et de progrès social*. Chacune des conférences de 1895, 1896 et 1897 a été éditée, en vue de la propagande, en une brochure in-18 au prix de **Cinq** centimes. (Envoi *franco* à partir de 10 exemplaires).

ORIGINES ET DÉVIATIONS

DE LA

TUTELLE ADMINISTRATIVE

EN FRANCE

PAR

ALFRED DES CILLEULS

CHEF DE DIVISION HONORAIRE A LA PRÉFECTURE DE LA SEINE,
MEMBRE TITULAIRE DU COMITÉ DES TRAVAUX HISTORIQUES ET SCIENTIFIQUES,
VICE-PRÉSIDENT DE LA SOCIÉTÉ D'ÉCONOMIE SOCIALE,
MEMBRE DE LA SOCIÉTÉ D'ÉCONOMIE POLITIQUE, LAURÉAT DE L'INSTITUT

(Extrait de *LA RÉFORME SOCIALE*)

PARIS

AU SECRÉTARIAT DE LA SOCIÉTÉ D'ÉCONOMIE SOCIALE

54, RUE DE SEINE, 54

1897

ORIGINES ET DÉVIATIONS

DE LA TUTELLE ADMINISTRATIVE

EN FRANCE

COMMUNICATION FAITE LE 22 MAI 1897

A LA RÉUNION ANNUELLE DE LA SOCIÉTÉ D'ÉCONOMIÉ SOCIALE.

Avant d'aborder le fond du sujet que nous avons dessein d'examiner, il convient de dire quelques mots du titre de cette étude. Des auteurs réputés, savants maîtres en droit administratif, ont contesté l'exactitude du terme que nous continuons à employer(1); notre justification sera un hommage aux éminents jurisconsultes dont un scrupule de conscience ne nous permet pas de suivre la doctrine, dans le cas actuel.

Sans doute, si l'on s'en tenait au Code civil, la condition des personnes morales, en France, ressemblerait plutôt à celle du mineur émancipé ou du prodigue qu'à celle du mineur en état de tutelle.

(1) On a proposé d'y substituer l'expression de *contrôle*. Or, il y aurait, dans l'usage de ce mot, un inconvénient sérieux : c'est de lui donner une signification qu'il n'a pas reçue, jusqu'ici, dans le langage administratif. Sans invoquer les subtiles définitions proposées par Rœderer, au cours de l'exposé des motifs de la loi du 28 pluviôse an VIII, pour caractériser la pure administration, il y a lieu de remarquer qu'on appelle *contrôle* l'examen de faits ou calculs, la vérification de l'existence et de la régularité matérielle des titres, ou bien de l'accomplissement des prescriptions légales et réglementaires. En aucun cas, le contrôle ne s'entend de l'*appréciation* des motifs et circonstances de nature à justifier l'acte d'un agent ou corps administratif et à le faire approuver.

Mais, d'une part, c'est se montrer trop strict que de ne souffrir l'emploi du mot tutelle qu'avec son acception rigoureuse, *en droit civil;* on peut être un lexicologue éclairé (1), sans cesser d'être un légiste accompli; d'autre part, les départements sont astreints à des dépenses dont l'objet et la quotité ne dépendent pas de l'appréciation souveraine des assemblées électives et qui sont, au besoin, sanctionnées par des impositions extraordinaires établies d'office.

A l'égard des hôpitaux, hospices et bureaux de bienfaisance (2), toutes les dépenses, sans distinction, peuvent être rejetées ou augmentées par l'autorité qui règle les budgets.

C'est là, on l'avouera, une subordination inconnue pour le mineur ou l'interdit.

Dans ces circonstances, le terme de tutelle n'a rien d'excessif; si on tend aujourd'hui à le répudier, il semble que ce soit moins pour ménager la fierté de l'esprit local que pour se faire une illusion honorable sur le rôle despotique de l'État.

Par quel enchaînement d'idées le régime dont il s'agit fut-il constitué? Les causes déterminantes des actes primitifs ont-elles été fidèlement respectées? Les résultats obtenus demeurent-ils en concordance avec le but poursuivi? Telles sont les trois questions à résoudre.

En simplifiant, pour plus de clarté, les éléments à mettre en œuvre, sans les altérer, on peut dire que la tutelle administrative, en France, a une triple origine : les maximes romaines, les spoliations féodales et les scandales municipaux.

I

Le caractère régalien de l'impôt s'était perpétué depuis l'invasion barbare ; mais, pour l'éluder, les feudataires convertirent en

(1) Les meilleurs dictionnaires admettent le mot tutelle, comme synonyme de *dépendance.*

(2) La loi du 7 août 1851 dit bien que les hôpitaux et hospices sont soumis, pour leur *comptabilité,* aux règles édictées en ce qui concerne les communes, et celles-ci, depuis les lois des 24 juillet 1867 et 5 avril 1884, échappent à toute modification des crédits votés, quand il a été pourvu aux dépenses obligatoires ; mais cette restriction du pouvoir de l'autorité supérieure ne saurait être invoquée en faveur des établissements hospitaliers : 1° parce qu'aucune loi n'a limité les dépenses qu'on est en droit de leur faire supporter, pour les besoins du service; 2° parce qu'à défaut d'imposition d'office destinée à combler les déficits, on ne peut ni admettre de budgets sans équilibre, ni faire peser sur les communes la charge nécessaire pour remplir l'écart entre les recettes et les dépenses, telles que les auraient fixées les commissions hospitalières.

redevances présumées contractuelles et corrélatives à des services rendus une foule de perceptions jadis effectuées par le fisc romain (1).

Lorsque la royauté se sentit assez forte pour dompter les grands vassaux, elle rechercha et abolit en maints endroits de *mauvaises coutumes*, ou redevances sans titre, et revendiqua hautement la prérogative de lever seule l'impôt (2), ce qui comporta une double exclusion : d'une part, les officiers du monarque n'eurent plus qualité pour rien exiger, en son nom, mais sans son ordre ; d'autre part, les prélèvements ayant le caractère de taxes non destinées à profiter au trésor royal nécessitèrent une permission du suzerain, qui ne l'accordait parfois que sous la réserve d'un partage du produit (3).

Au xvi⁰ siècle, le principe que tout recouvrement d'impôt devait être précédé d'une émission de Lettres patentes enregistrées entra, d'une manière définitive, dans le droit public (4), quoiqu'il ait fallu le rappeler depuis (5) ; en pratique, la règle fut scindée : on continua bien à monopoliser l'autorisation de percevoir, mais en se relâchant de l'observance des formes ; de simples arrêts du Conseil parurent suffisants, soit pour proroger la durée de contributions (6), soit pour augmenter les accessoires au principal, qu'ils dussent être versés au Trésor (7) ou dans des caisses locales (8), soit même pour créer des octrois (9).

L'Assemblée constituante maintint avec un soin jaloux la défense, aux départements et communes, de s'imposer, pour leurs besoins propres, sans y avoir été habilités par un acte, non plus du gouvernement mais du Corps législatif (10), et elle ne souffrit pas que les administrations locales se créassent des ressources

(1) V. les monographies de Guérard, Leymarie, etc.

(2) Ordonnance de 1256 (art. 23).

(3) V. notamment Lettres patentes du 23 octobre 1345.

(4) Ordonnances de janvier 1560 (art. 130) ; novembre 1565, février 1566 (art. 23) ; septembre 1575, mai 1579 (art. 280) ; 13 avril 1590.

(5) Ordonnance de janvier 1629 (art. 409), etc.

(6) Arrêt du Conseil du 17 décembre 1697 (prorogation de la capitation).

(7) Arrêt du Conseil du 3 mars 1705 (2 sols additionnels sur le même impôt) ; de 1747 à 1780, il en fut rendu d'autres ayant le même objet.

(8) V. dès le début du xvii⁰ siècle, de nombreux exemples d'actes de ce genre, dans l'ouvrage de M. Noël Valois sur *les Arrêts du Conseil d'État pendant le règne d'Henri IV.*

(9) *Id.*

(10) L. 7-11 février 1791 (art. 3).

annuelles en dehors de centimes additionnels aux impôts levés par l'État (1). On trouvait à ce système l'avantage de lier plus complètement l'intérêt d'une localité à celui de la nation entière (2).

Sous le Directoire, le législateur se montra moins exclusif, en ce sens qu'il put y avoir des taxes municipales indépendantes, par leur assiette, des produits revenant au Trésor public (3).

De 1799 à 1814, la nomenclature des recettes communales grossit beaucoup (4); mais les conseils généraux et municipaux n'eurent plus, ni l'initiative, ni le consentement nécessaires des contributions locales; dans maintes circonstances, on réunissait ces assemblées pour les mettre en demeure de voter ce que le pouvoir central jugeait convenable, et, en cas de refus, on passait outre (5).

Les octrois furent administrés, pendant plusieurs années, par la Régie des droits réunis (6).

A dater de 1814, une réaction se manifesta contre ce régime oppressif et, chose digne de remarque, le mouvement de détente fut provoqué par les plus fervents royalistes. Quoi qu'il en soit, on présuma, depuis lors, chez les assemblées départementales et communales, assez de discernement des intérêts qu'elles avaient à débattre pour leur laisser l'initiative du vote des impôts (7), et restituer aux maires la surveillance des octrois (8).

Mais si, avec le temps, une latitude de plus en plus grande a été conférée aux départements et communes, pour charger les contribuables (9), la législation n'a point affranchi ces personnes morales d'un double joug, savoir: 1° l'obligation de supporter des

(1) L. 5-10 août 1791 (art. 8).

(2) Dupont de Nemours, rapport du 10 février 1791, sur les droits d'entrée et les octrois.

(3) L. 11 frimaire an VII (droits de stationnement; octrois; amendes de police).

(4) L. 14 floréal an X (péages de ponts); 29 du même mois (droits de pesage, jaugeage et mesurage); arrêté du 4 thermidor suivant (prestations en nature); décret du 23 prairial an XII (taxes funéraires).

(5) V. notamment loi du 16 septembre 1807.

(6) Décret du 8 février 1812.

(7) L. 28 avril 1816, 25 mars 1817, 15 mai 1818, etc.

(8) L. 8 déc. 1814, art. 122.

(9) L. 28 juin 1833, 21 mai 1836, 15 mars 1850, 18 juillet 1866, 10 avril et 24 juillet 1867, 11 juillet 1868, 10 août 1871, 3 août 1875 (art. 21), 26 décembre 1876 (art. 4).

dépenses qui doivent incomber à l'État (1); 2° l'assujettissement éventuel à des impositions extraordinaires, pour acquitter ces dépenses.

Les préfets et sous-préfets, les magistrats, la gendarmerie, sont payés sur les fonds du Trésor, comme faisant un service national; mais les hôtels de préfecture et sous-préfecture, les palais de justice, pour les tribunaux de première instance, les casernes de gendarmerie sont laissés au compte des départements, sous prétexte que ceux-ci ont intérêt au fonctionnement de ces services (2); quant aux locaux qu'occupent les cours d'appel, l'État en assume l'entretien; il paraît que l'installation de ces compagnies judiciaires n'intéresse pas le seul ressort, comme celle des tribunaux de première instance, mais le pays entier.

Quant aux justices de paix, l'attribution de leurs dépenses est d'une complexité qui défie les plus subtils raisonnements; l'État paie les magistrats, le département les « menues dépenses » et les communes chefs-lieux le loyer, puis les réparations, les meubles des prétoires et dépendances, encore bien que la compétence de la juridiction soit cantonale et non communale (3).

L'inconséquence n'est pas moindre, à l'égard de l'instruction publique.

Le personnel de l'administration académique et celui des facultés ou lycées est, en principe, rétribué par l'État (4).

Néanmoins, les départements sont tenus de fournir un abri à l'inspecteur d'académie (5); les villes doivent pourvoir aux besoins des services du recteur et des facultés (6); elles entretiennent, dans tous les cas, les édifices affectés à des lycées (7).

Les instituteurs primaires sont soldés et pensionnés par le Trésor; mais les départements et communes contribuent aux dépenses d'entretien de ces maîtres (8), et, contre leur gré, peuvent être

---

(1) Celles de l'état civil, des listes électorales, des commissariats de police et autres dont il sera parlé plus loin.

(2) L. 10 août 1871 (art 60 et 61).

(3) L. 10 août 1871 (art. 60 et 61), 5 avril 1884 (art. 136).

(4) Nous disons « en principe », parce que, depuis les dernières années du second Empire, plusieurs cités ont offert d'entretenir, à leurs frais, des facultés qui n'existaient pas dans leur enceinte.

(5) L. 10 août 1871 (art. 60 et 61).

(6) Décret du 17 septembre 1808.

(7) L. 11 floréal an X (art. 40).

(8) L. 19 juillet 1889.

grevées de lourdes charges, pour la construction, l'aménagement ou l'extension des écoles (1).

Toutes ces dispositions combinées créent un état de choses beaucoup plus rigoureux que le régime de la tutelle, et quand on voit une législation aussi incohérente se perpétuer et s'aggraver progressivement, depuis un temps assez long, malgré soi il vient à l'esprit cette réflexion : que beaucoup de ceux qui ont participé à la confection des lois, au XIXe siècle, étaient dans le cas de l'article 489 du Code civil, lequel prévoit la démence comme devant entraîner l'interdiction !

II

La sûreté des personnes et la protection des biens avaient été la raison d'être du régime féodal et le prétexte des exigences qu'il fit naître. Mais, quand les efforts successifs des générations laborieuses eurent développé la population et la richesse du territoire, l'aspect de cette prospérité excita l'envie seigneuriale ; sous couleur d'un cas prévu de retour aux mains du concédant, ou à l'aide d'un abandon forcé (2), des communautés d'habitants se virent dépouillées des biens dont elles avaient la jouissance collective.

Il est impossible de ne pas remarquer que ces pratiques déloyales et oppressives sont constatées dans la seconde moitié du XVIe siècle et qu'en 1532 avait paru le livre *du Prince*, de Nicolas Machiavel, que J.-J. Rousseau appelle « le livre des républicains », dont l'auteur, d'après lui, « était un honnête homme et un bon citoyen ». Or, ce digne conseiller des gouvernants et de leurs sujets déclare expressément qu' « un prince prudent doit éviter de tenir les promesses qu'il voit contraires à ses intérêts (3) ».

Et si l'on rapproche de pareilles théories du fait qu'elles firent éclosion à Florence, en 1532, sous l'œil complaisant d'un Médicis dont la fille allait devenir dauphine de France et importer, dans notre pays, les plus funestes doctrines et les pires exemples, comment ne pas être frappé du contraste entre la réputation de loyauté,

(1) L. 20 mars 1883 (titre II).
(2) Edits d'avril 1557 et mai 1575 ; Ordonnance de mai 1579 (art. 281 à 284).
(3) *Le Prince*, chap. XVIII.

que les gentilshommes s'étaient acquise, et le démenti qu'ils lui donnèrent à la fin de la Renaissance?

Quoi qu'il en soit, pour échapper à des spoliations qui, en maintes circonstances, pouvaient se renouveler, sans parvenir à la connaissance du monarque, ou sans être prouvées dans les formes requises, un seul remède efficace parut indiqué ; on le mit en usage : c'était la défense d'aliéner, à moins d'une autorisation royale donnée d'après des conditions sévères d'examen (1).

Mais la règle portée s'appliqua, par la suite, aux villes comme aux campagnes, c'est-à-dire que, d'abus circonscrits à certaines zones, on induisit la nécessité d'un régime général et uniforme, qui embrassa même les établissements hospitaliers (2), les fabriques (3) et les congrégations religieuses (4).

On ne s'en tint pas là, et, au xviii⁰ siècle, il y eut aussi bien prohibition d'acquérir que d'aliéner, pour les personnes morales (5). Ici, la raison de décider n'était pas l'appréhension d'accroître les chances d'entreprises illicites : on redoutait de voir s'étendre la mainmorte ecclésiastique (6) et de laisser les villes s'obérer pour leurs propres besoins.

Dans le préambule de la célèbre loi qui est considérée comme l'un de ses titres de gloire (7), le chancelier d'Aguesseau eut bien soin de ne point découvrir toute sa pensée sur les dangers qu'il entrevoyait comme attachés à la mainmorte ; mais, nul ne s'y méprit, et la jurisprudence des Parlements seconda les vues du pouvoir souverain. Du reste, l'interdiction d'acquérir n'était pas restreinte à celle de s'approprier des biens immobiliers ; elle comprenait l'incapacité de rien recevoir, à titre de dons et legs (8).

Ainsi, d'un côté, c'était la ruine qu'on craignait pour les établissements publics, et, de l'autre, l'enrichissement pour les œuvres privées.

---

(1) Edits de février 1554 et d'avril 1683.
(2) Déclaration du 6 août 1713 ; Edit d'août 1749.
(3) Denisart, collection des arrêts, vᵒ Aliénation des biens ecclésiastiques.
(4) Ibid., vᵒ Gens de mainmorte, nᵒ 5.
(5) Edit d'août 1749.
(6) Depuis le xvᵉ siècle, un mouvement de réaction se dessina dans ce sens : l'un des actes les plus caractéristiques qui aient été rendus, pour arrêter l'essor des congrégations, est l'Edit de décembre 1666, dont les auteurs des décrets du 29 mars 1880 auraient pu exciper, plutôt que du décret impérial du 3 messidor an XII ; la loi monarchique échappa, sans doute, aux recherches.
(7) Edit d'août 1749.
(8) *Id.*

Afin d'écarter cette double éventualité, le génie fiscal trouva deux moyens aussi simples qu'ingénieux ; ils consistaient à favoriser l'accroissement des taxes municipales (1) et à augmenter, d'une façon périodique, les tributs réclamés de l'assemblée du clergé (2).

Dans la pratique, il s'en fallut de beaucoup que l'incapacité de disposer librement des biens empêchât le patrimoine communal, soit de s'étendre, soit de se restreindre. Le gouvernement lui-même encouragea, par des dispenses de droits fiscaux, les acquisitions d'immeubles destinés à des usages improductifs de revenus (3) ; dès la fin du règne de Louis XV, les partages de communaux prirent faveur (4) ; pendant la Révolution, ils furent prescrits (5) ou encouragés (6). Les propriétés des communes devinrent domaines nationaux (7) et, à la fin du premier Empire, on déclara encore que les biens communaux étaient *cédés* à la Caisse d'amortissement (8). Dire que cette dernière mesure fut dictée par la sollicitude envers les populations intéressées, ce serait aller trop loin. Dans sa monographie sur la législation communale (9), Dupin aîné cite, avec preuves à l'appui, le cas d'un maire forcé de donner quittance sur le compte de vente dressé par la caisse d'amortissement : le produit net s'élève à 0 fr. 05 !

Il est vrai qu'en revanche, le premier Empire rendit d'office les départements et villes propriétaires d'édifices nationaux, afin d'exonérer le Trésor des grosses réparations (10) ; jusqu'alors, les besoins, même parfaitement légitimes, des services affectataires

(1) C'est ce qui résulte du dépouillement des registres de l'ancien Conseil des finances, Archives nationales, série E.

(2) Sur les dons gratuits ordinaires et extraordinaires du clergé, consulter Archives nationales, F 30, 1002 α, G7, 1746-1754.

(3) La dispense portait sur le droit d'amortissement ; cette faveur commença d'être accordée dans la première moitié du xviie siècle ; elle correspondait à la gratuité que les lois modernes prononcent, en matière d'enregistrement, pour la taxe de mutation assise sur les immeubles destinés à des opérations d'utilité publique.

(4) Les demandes et autorisations intervenues concernent : l'Artois, [les Trois-Évêchés, l'Alsace, la Lorraine et le Barrois, la Bourgogne, la Navarre et un certain nombre de communautés sises dans les généralités de Soissons, Paris, Poitiers et Montauban.

(5) L. 14 août 1792.

(6) L. 10 juin 1793.

(7) L. 24 août 1793.

(8) L. 22 mars 1813.

(9) *Les lois des communes* (1823).

(10) Décrets des 23 avril 1810 et 9 avril 1811.

devaient se restreindre dans la limite des minces allocations du budget; dès l'instant où les bâtiments entrèrent dans le domaine départemental ou communal, il fallut, au contraire, que les conseils généraux et municipaux s'ingéniassent à trouver les ressources nécessaires pour donner une large satisfaction à des exigences longtemps contenues ; en cas de résistance, le gouvernement ouvrait quand même des crédits.

Pour les bâtiments militaires transférés aux villes, les choses se passaient d'une manière encore plus simple; l'utilité des travaux, les devis, les décomptes étaient du ressort exclusif des officiers du génie : les administrations municipales n'en avaient connaissance que par la réception des pièces de dépenses à payer (1).

Mais si, pour les casernes et postes, des procès-verbaux descriptifs de remise des lieux furent dressés, on ne prit pas les mêmes précautions à l'égard des monuments civils (2); de telle sorte qu'ultérieurement on éprouva une profonde surprise, en voyant l'Etat contester la propriété d'édifices qu'il avait fait restaurer et agrandir, aux frais des caisses locales, en déclarant que cette opération ne lui incombait plus (3).

Dans certains cas, la contradiction entre l'assujettissement à des charges foncières et la revendication des droits corrélatifs à ces charges ne fut pas le résultat d'un malentendu ou d'un désaccord entre la régie des domaines et le ministère qui avait provoqué et prescrit les dépenses imputables sur les fonds communaux : une note officielle reconnaît, avec le plus complet cynisme, qu'« on avait laissé croire aux villes qu'elles étaient propriétaires », afin de les engager à consentir des sacrifices qui n'étaient réellement pas obligatoires (4).

---

(1) Décret du 23 avril 1810.

(2) Le décret du 9 avril 1811 voulait cependant que des arrêtés préfectoraux désignassent les édifices à remettre ; mais cette disposition ne fut pas observée, et la jurisprudence du Conseil d'Etat couvrit la négligence commise, en déclarant que la mesure prescrite eût été sans objet, quand la destination prévue, pour les bâtiments à céder, était déjà un fait accompli (Conseil d'Etat, 6 juin 1830, 24 janvier 1834, 28 août 1842, etc.) ; or, il y avait, au contraire, un grand intérêt à dissiper les doutes sur la question de *consistance matérielle* des lieux *cédés*. Nous en avons eu des preuves palpables dans plusieurs circonstances.

(3) Conseil d'Etat 26 mai, 21 août 1845; 29 mai 1846; 10 septembre 1855; 17 janvier 1868 ; 22 juillet 1882.

(4) Cela résulte d'une note officielle imprudemment laissée dans un dossier qui existe aux Archives nationales ; nous nous abstiendrons de préciser la cote, sauf, dans le cas de dénégation, à faire la preuve.

L'expérience tentée, au siècle dernier, sur la vente des communaux, ne réussit pas et il fallut l'arrêter (1). Mais l'État exerça et il exerce encore l'administration des bois qui appartiennent aux communes ou aux établissements publics (2), et il s'est réservé de mettre en valeur les biens ruraux qui sont la propriété collective des habitants (3) ; il se rédime du prix de ses avances, au moyen non pas d'une imposition extraordinaire, mais du prix de la vente d'une partie du sol transformé.

Ici ce ne sont plus des motifs tirés de l'avantage même des collectivités mises en tutelle qu'on invoque : le socialisme d'État perce à travers les prétextes articulés pour s'emparer du patrimoine des habitants, et il n'est pas une des raisons alléguées qui ne puisse s'étendre à un traitement analogue de la propriété individuelle.

Les vicissitudes du sort des biens hospitaliers ne sont pas moins dignes de méditation.

Aux XVIe et XVIIe siècles, l'administration des hôpitaux excita le zèle des monarques et des Parlements ; on fit enquête sur enquête, réforme sur réforme, pour assurer une gestion exacte et fidèle ; plus tard, Louis XV dérogea, en faveur de ces établissements, à la règle absolue qu'il avait lui-même portée, pour défendre aux gens de mainmorte de placer leurs fonds disponibles autrement qu'en rentes (4) ; mais, 18 ans après, Necker les conviait à vendre leurs immeubles, pour prêter à l'État sur le pied de 4 % (5).

L'Assemblée constituante *ajourna* sa décision sur l'aliénation du domaine hospitalier (6) ; la Convention n'hésita point, au contraire, à confondre ce patrimoine dans la masse des biens nationaux (7). Sous le Directoire, il y eut suspension de la mesure (8), et remplacement, par d'autres propriétés, de celles qui avaient été adjugées (9). L'Empire, tout en confirmant ce principe réparateur, ordonna la vente de toutes les maisons urbaines appartenant aux

---

(1) L. 21 prairial an IV.
(2) Code forestier, art. 1er.
(3) L. 28 juillet 1860 et 8 juin 1864.
(4) Déclaration du 20 juillet 1762, restrictif de l'Edit d'août 1749.
(5) Edit de janvier 1780 et arrêt du Conseil du 30 août suivant.
(6) L. 23, 28 octobre et 5 novembre 1790.
(7) L. 23 messidor an II.
(8) L. 9 fructidor an III, 2 brumaire et 28 germinal an IV.
(9) L. 16 vendémiaire an V. — V. aussi lois des 15 brumaire an IX, 14 nivôse an X, 8 ventôse an XII et 30 avril 1807.

hospices, dans les villes de Paris (1), Amiens (2), etc. Il n'est pas douteux que, pour la Capitale, le produit annuel de ces maisons n'atténuât beaucoup, aujourd'hui, la subvention municipale (3).

Malgré l'autorisation spéciale donnée, sous Louis XV, d'acquérir des biens-fonds, à titre de remplois, la jurisprudence administrative, au commencement du xix⁰ siècle, contraignit les hôpitaux, hospices et bureaux de bienfaisance à placer leurs capitaux en rentes sur l'État (4).

Vers la fin de la seconde République, le législateur, animé d'idées libérales et vraiment protectrices, défendit d'aliéner les immeubles hospitaliers, sans un avis *favorable* du conseil municipal (5). On sait la tentative faite, sous le second Empire, pour forcer la main aux administrations charitables et amoindrir la consistance des biens leur appartenant (6).

Charles Lucas avait cependant signalé, peu d'années auparavant, les résultats néfastes de la transformation des propriétés foncières en valeurs mobilières (7).

Nous pouvons citer un exemple bien concluant à cet égard. L'hospice Saint-Michel, situé à Saint-Mandé, avait été fondé, avec une large dotation, vers 1830, en vue de recevoir 12 lits destinés à d'anciens ouvriers ; on plaça en rentes sur l'État les fonds pour dépenses annuelles. Par suite des conversions successives de la rente, il fallut restreindre, peu à peu, le nombre des pensionnaires qui, en 1877, se trouvait réduit à 6 ; fort heureusement, à la même époque, Mme Lenoir-Jousserand léguait à l'Assistance publique la somme nécessaire, afin de fonder un autre petit asile de vieillards ; l'administration eut l'idée d'installer le nouvel établissement dans

(1) Loi du 24 pluviôse an XII ; décrets des 18 mai, 12 décembre 1806, 24 mars 1809, 24 février 1811, 22 mars 1813.

(2) Loi du 20 juillet 1811.

(3) Le produit des ventes était estimé à 18 millions de francs ; avec la plus-value inouïe des immeubles, à Paris, depuis le commencement du xix⁰ siècle, la somme précitée n'atteindrait pas, de nos jours, moins de 100 millions.

(4) Décrets des 1ᵉʳ avril 1809 (inséré au Bulletin des lois) et 16 juillet 1810.

(5) L. 7 août 1851.

(6) Circulaire ministérielle du 15 mai 1858 :

1° Défense aux préfets d'autoriser, soit des aliénations de rentes, quand il y aura des immeubles productifs, soit des remplois en acquisitions de bien-fonds ; 2° suppression de tous secours aux établissements qui refuseraient de vendre leurs terres ou maisons.

Le 14 août suivant, une nouvelle circulaire *expliqua* la première, en restreignant sa portée ; elle débute ainsi : « La controverse, soulevée par la circulaire du 15 mai,... *est loin d'être épuisée.* »

(7) Mémoires de l'Académie des sciences morales et politiques (1855).

les vastes dépendances de l'hospice Saint-Michel et de faire profiter ce dernier de la valeur vénale des terrains affectés au service
de la fondation Lenoir-Jousserand. On put, de la sorte, relever les
lits de l'hospice Saint-Michel au chiffre primitif de 12. Voilà donc
une œuvre qui a périclité, à raison du placement de ses fonds en
rentes sur l'État, et est revenue à un état de prospérité relative
grâce à sa dotation immobilière.

Mais le remploi en rentes soutient les cours, et il a paru, dès
lors, que cet avantage dominait les conséquences préjudiciables
qu'en ressentiraient les personnes morales contraintes d'effectuer
ce mode de remploi ; la tutelle ainsi exercée se retourne donc
contre les intérêts qu'elle est censée sauvegarder.

Les universités et collèges vivaient, avant la Révolution, avec
leurs ressources propres comprenant, presque toujours, des
immeubles. De 1790 à 1797, il y eut des revirements, dans les idées
du législateur, sur la convenance de vendre ou de respecter ces
biens (1). Un seul établissement avait traversé la crise révolution-
naire avec sa fortune intacte : c'est le collège Louis-le-Grand,
depuis Prytanée français.

Sous le Consulat, le gouvernement imagina de rattacher au Prytanée, sous le titre de divisions, des collèges situés dans d'autres
villes (2).

Puis, quelques années après, toutes les fondations du Prytanée
se trouvèrent attribuées à la division de Saint-Cyr (3).

Cependant, aucune loi n'avait privé les collèges qui pourvoyaient
eux-mêmes à leurs dépenses (4) de l'existence civile, qu'un texte
formel avait reconnue aux lycées , sous le Consulat (5).

A l'époque du Directoire, le collège Louis-le-Grand avait été
autorisé à faire l'acquisition du château et du parc de Vanves, con-
fisqués sur le prince de Condé et vendus nationalement. Durant de
longues années, cette belle propriété servit de maison de cam-
pagne aux élèves. Mais, en 1864, Victor Duruy, ministre de l'instruction publique, qui, à l'entendre, n'avait « jamais flatté per-

_____

(1) Lois des 23, 28 octobre, 5 novembre 1790 (ajournement) ; 8, 10 mars 1793
(vente) ; 21 messidor an V (suspension).
(2) Arrêté consulaire du 1ᵉʳ germinal an VIII.
(3) Arrêté consulaire du 15 vendémiaire an XII (art. 2) et loi du 8 pluviôse
an XIII.
(4) L. 7 ventôse an III (ch. III, art. 3).
(5) L. 11 floréal an X, art. 43.

sonne (1) », imagina de confisquer le domaine de Vanves, pour y créer un établissement distinct dénommé *Lycée du Prince Impérial*, parce qu'il devait recevoir les sujets des classes élémentaires.

Ainsi, l'État qui, en 1794, avait reçu le prix du château de Vanves, le reprit soixante-dix ans après, sans indemnité, sous prétexte qu'il se trouvait, depuis 1850, subrogé aux droits de l'Université (2), qui elle-même n'eut jamais aucun titre à faire valoir, pour revendiquer les biens propres du collège Louis-le-Grand (3). La spoliation commise est donc manifeste.

Des faits qui viennent d'être exposés se dégage la preuve que l'exercice de la tutelle, sur les biens des établissements publics, a déterminé un curieux phénomène ; d'abord la persuasion progressive des surveillants qu'ils avaient plus de clairvoyance que les intéressés, dans les affaires de ces derniers ; puis l'irrésistible envie,chez l'État,de profiter des ressources en nature ou en argent, qu'avaient les établissements « protégés »,pour remplir ses caisses ou les vider moins rapidement.

Il n'y a pas lieu de s'étonner outre mesure de ce contraste entre le but assigné à la tutelle administrative, les idées latérales greffées sur le système et les résultats produits. Les passions humaines troublent le fonctionnement de toutes les institutions et, d'ailleurs, s'il y a des gens qui pensent que « voler l'État ce n'est voler personne », il en est d'autres, en plus grand nombre, portées à soutenir que l'État, lorsqu'il s'empare du bien d'autrui, ne fait tort à nul être, parce qu'il est censé agir pour le plus grand avantage de tout le monde.

III

Les plus déclarés partisans de la décentralisation administrative ne demandent pas que les habitants soient livrés à la merci des corps municipaux et que ceux-ci aient toute latitude, pour

(1) Discours à la distribution des prix du concours général, en 1863. « Croyez-en quelqu'un qui n'a jamais flatté personne : l'homme le plus libéral de l'Empire, c'est l'empereur ! »

(2) L. 7 août 1850.

(3) En consultant le rapport présenté à l'Assemblée législative, au nom de la commission parlementaire chargée d'examiner la loi du 9 août 1850, on voit quelle était la consistance précise des biens de l'Université devant faire retour à l'Etat. Il n'y est pas question des propriétés appartenant aux lycées, que la dite loi maintient dans la capacité de posséder et d'acquérir.

faire peser des impôts, à leur guise, sur telles catégories de contribuables qu'il plairait aux édiles de désigner.

Au contraire, des historiens distingués, après une étude théorique des institutions municipales au moyen âge, ont gémi de la perte d'une indépendance accordée non seulement aux cités pourvues de chartes, mais même à des villes prévôtales. Or, c'est précisément cette indépendance qui tenta les officiers investis de la garde et de l'emploi des deniers communs.

Les dilapidations se multiplièrent et grossirent, progressivement, les dettes des communes.

Dès le commencement du xviie siècle, il fallut prendre une série de mesures, pour liquider la situation déplorable des communautés (1), particulièrement en Dauphiné (2). Après la Fronde, les paroisses des territoires envahis, en Champagne, Picardie, etc., reçurent, pour se libérer, des délais (3) prorogés et d'ailleurs applicables à toutes les localités en déficit (4).

Les vérifications auxquelles il fut procédé par les Intendants (5) révélèrent, dans une foule de cas, la preuve que le passif était dû à une dissipation et déprédation sans exemple, « de la part des... administrateurs (6) ».

A Lyon, les officiers de police se trouvaient empêchés de poursuivre les malversations, à cause de l'appui que les coupables trouvaient, chez les principaux magistrats de la cité; « les plus grands fripons » étaient « assurés, avec un peu d'argent, de se tirer de toute sorte de mauvaises affaires (7) ».

---

(1) Arrêts du conseil d'Etat des 6 novembre 1603 (Marseille); 21 février 1604 (Cusset); 28 du même mois (Narbonne), etc.

(2) Règlements des 31 janvier, 12 février et 14 septembre 1602. — Pour le même objet, il intervint encore des arrêts du Conseil des 11 mai 1613, 31 décembre 1625, 21 avril 1630, 5 février 1634, 31 mars 1637, 16 avril 1644, 11 août 1646, 11 mars 1648 et 18 juin 1665.

La situation était aussi déplorable dans les communautés provençales; consulter : arrêts du Conseil des 25 juin 1636, 28 novembre 1637 et 25 mars 1639; les habitants reçurent la faculté de se libérer, en fonds de terre, de leurs parts individuelles, dans le paiement des dettes communales et les créanciers subirent un retranchement d'intérêts pendant une année.

(3) Arrêts du Conseil des 7 mai 1660 et 1er juin 1662; Déclaration du 6 décembre 1663.

(4) Arrêts du Conseil du 14 mars 1655. Le 6 juin 1636, un autre arrêt avait statué dans le même sens.

(5) Arrêts du Conseil des 17 novembre 1661, 22 mars 1666 et 25 avril 1669.

(6) Lebret, Intendant de Provence, lettres des 17 octobre 1687, 16 juillet et 1er août 1703.

(7) De Bérulle, Intendant à Lyon, lettre du 24 novembre 1689.

A Grenoble, un individu, de connivence avec le corps de ville, s'était rendu adjudicataire, pour 600 écus, des revenus communaux, dont il tirait 12 à 10,000 livres de bénéfice; un autre, notoirement insolvable, se faisait affermer l'octroi, moyennant un prix nominal de 60,000 livres; mais les syndics de ses créanciers en jouissaient sans rien payer (1).

A Sézanne, les échevins, de complicité avec les officiers de l'Élection, se rendaient concessionnaires des droits d'entrée, sous un prête-nom (2).

Des abus aussi scandaleux furent découverts à Tulle (3), Marseille (4), la Ciotat (5), Sedan (6), Mézières (7), Saint-Malo (8) et dans plusieurs villes de Bourgogne (9).

Dans les premières années du xviiie siècle, la Chambre des comptes de Paris faisait écrire en ces termes, par son Premier président, au Contrôleur général des finances : « Je suis obligé de vous dire qu'une grande partie (des fonds communaux) s'applique au profit et à l'utilité de ceux qui devraient veiller à leur conservation et à leur emploi en choses utiles et nécessaires (10). »

Encore cette juridiction financière était-elle loin de connaître toute l'étendue des détournements commis, car les comptes municipaux ne se rendaient pas, alors, d'une façon périodique et fixe; en Poitou, on vérifia que la justification des recettes et dépenses n'avait pas été produite, depuis 42 ans à Châtellerault et 25 ans à Fontenay (11); il en était de même en Alsace, notamment (12), et en Béarn (13).

En Normandie, d'après l'Intendant, il n'y avait guère de receveur qui n'eût « pris le temps de quelque échevinage favorable », pour faire assurer la gestion et obtenir son quitus (14).

(1) Lebret, intendant, lettre du 5 juillet 1684.
(2) Larcher, intendant, lettres des 17 juillet et août 1694.
(3) De Bernage, intendant, lettre du 17 juin 1699.
(4) Lebret fils, intendant, lettre du 15 novembre 1706.
(5) Lebret père, intendant, lettres des 21 septembre et 10 octobre 1703.
(6) Larcher, intendant, lettre du 30 novembre 1696.
(7) Larcher, intendant, lettres des 21 mars, 20 avril et 25 juin 1698, 6 janvier, 3 et 20 avril, 8 et 25 juin, 26 juillet et 17 août 1699.
(8) De Nointel, intendant, lettre du 29 juillet 1696.
(9) Prince de Condé, gouverneur, lettre du 11 février 1663; Bouchu, intendant, lettre du 17 du même mois.
(10) De Nicolaï, lettre du 24 novembre 1706.
(11) De Basville, intendant, lettre du 10 décembre 1683.
(12) De la Boutière, maître des requêtes, lettre du 3 février 1696.
(13) Du Bois du Baillet, intendant, Mémoire à Foucault (janvier 1684).
(14) De La Bourdonnaye, Intendant, lettre du 16 novembre 1699.

D'un autre côtè, on ne respectait pas toujours la règle d'incompatibilité, entre les fonctions d'ordonnateur et celles de comptable (1), de sorte qu'il arrivait aux habitants de certains lieux de payer le double du contingent régulier d'impôts, afin de fournir aux officiers municipaux des ressources, pour acquitter leurs propres cotisations et celles de leurs devanciers, ou bien pour payer des frais de voyages, festins et présents (2).

Ces gaspillages engendraient des dettes et déficits, puis des procès. Pour éviter des chicanes inutiles et des condamnations probables, il fut fait défense aux villes, bourgs et villages d'intenter ou de soutenir aucune action judiciaire, et à leurs créanciers d'en former, sans y avoir été autorisés par l'intendant (3).

Plus tard, les administrations municipales durent, avant de se faire autoriser à plaider, obtenir le consentement des habitants, soit pour introduire une demande en justice (4), soit pour la suivre (5).

Nulle dépense de 30,000 livres et au-dessus ne put être faite qu'avec la permission du roi (6); les dépenses fixes et annuelles des communes furent réglées par le Conseil ou l'Intendant, selon l'importance des revenus ordinaires (7).

Sous la Régence, on exigea la production, au Contrôleur général des finances, d'un état de l'actif et du passif des villes et paroisses (8); cette mesure fut prescrite à nouveau, pendant le ministère de l'Averdy, afin disait-on, de pourvoir « aux défauts » de chaque administration locale et à ses « besoins présents » (9); puis, les comptes des communes durent être rendus, annuellement, devant les administrateurs et notables habitants (10); l'apurement des gestions de comptables devint régulière et triennale; il

(1) De la Boutière, maître des requêtes, lettre du 3 février 1696; Larcher, intendant de Champagne, lettre du 30 novembre suivant; d'Ableiges, intendant à Poitiers, lettre du 29 décembre 1698.
(2) Bouchu, intendant en Bourgogne, lettre du 17 février 1663; d'Ableiges, lettre citée plus haut.
(3) Edit d'avril 1683.
(4) Déclaration du 2 octobre 1703.
(5) Arrêt du Conseil du 8 août 1713.
(6) Arrêt du Conseil du 11 mai 1676.
(7) Arrêt du Conseil du 17 décembre 1722.
(8) Edit d'avril 1683 et arrêt du Conseil du 17 décembre 1722.
(9) Déclaration du 11 février 1764.
(10) Lettres patentes du 13 février 1768.

eut lieu, comme par le passé, devant les Chambres des comptes (1).

Toutes ces précautions étaient sages et propres à ramener l'ordre, l'économie, dans les finances locales, par conséquent à soulager les populations. Mais le poids des charges fiscales restait fort lourd dans les villes, qui, depuis la guerre de Trente ans jusqu'à celle de Sept ans, avaient été accablées, pour tirer d'elles de l'argent, tantôt sous la forme de création d'offices municipaux qu'il fallait racheter (2), tantôt au moyen d'impôts que les caisses communales devaient directement acquitter (3), tantôt, enfin, par un procédé plus simple : la mainmise sur les revenus (4).

Les emprunts et autres dettes de nos cités s'élevaient, en 1768, à 122 millions de livres, soit 131 millions de notre monnaie et, avec le pouvoir réel de l'argent, 328 millions.

Il ne se trouve aucune trace de ces charges dans les budgets actuels, puisque, pendant la Révolution, l'État s'est substitué, activement et passivement, aux communes, pour leurs créances et dettes (5).

Malgré une note explicative qui accompagne le rapport imprimé de Cambon (6), des divergences se produisirent, dans la manière de comprendre et d'exécuter la nationalisation de l'actif et du passif des communes ; ici, les habitants gardèrent la propriété de tous leurs biens indivis ; là, ils furent dépouillés entièrement. Le Directoire exécutif en référa au Conseil des Cinq-Cents, qui fit étudier les difficultés pendantes par une commission, dont Thibaudeau fut l'interprète ; il s'agissait de savoir, notamment :

1° Si toutes les communes avaient été dépossédées, abstraction faite de l'existence d'un passif incombant à l'État ;

---

(1) Edit d'août 1764 et Déclaration du 27 juillet 1766.

(2) La 1re création d'*offices* municipaux, ayant un caractère de vénalité, remonte à 1581 ; le retrait eut lieu en 1588 ; de 1621 à 1640 se fit, pour la seconde fois, une érection de pareilles charges ; de 1690 à 1711, troisième établissement ; en 1722, recréation des offices imaginés en 1708 ; en 1733, cinquième institution ; en 1771, sixième emploi du même expédient.

(3) Déclaration du 26 juillet 1659 ; Edit d'août 1758 et Déclaration du 3 janvier 1759.

(4) Déclaration du 21 décembre 1647 ; Edit de décembre 1652 ; Edit de septembre 1710.

(5) L. du 24 août 1793.

(6) Voici cette note, qui a une grande importance : « La Convention a adopté la proposition relative aux dettes (des communes) ; mais *elle n'a déclaré propriétés nationales que celles qui appartiennent aux communes pour le compte desquelles elle acquittera les dettes et jusqu'à concurrence de leur montant.* »

2° Si leurs créances contre le Trésor étaient nécessairement anéanties ;

3° S'il y avait lieu de compenser, avec l'État, le *doit* et l'*avoir*.

Sur le premier point, Thibaudeau citait plusieurs textes favorables au sens restrictif que comportait la loi (1).

Sur le second point, la solution lui semblait, en équité, devoir se résoudre dans le même esprit. « Mais, ajouta-t-il, la loi... n'a point fait cette distinction (entre les communes ayant ou n'ayant pas de dettes payables par le Trésor, jusqu'à due concurrence de l'actif réalisé). La Nation a, d'ailleurs, fait de grands sacrifices, depuis le commencement de la Révolution, en faveur de *la plus grande partie* des communes..... D'ailleurs, si vous adoptiez ce principe, vous verriez les communes qui n'avaient pas de dettes, et dont la Nation a vendu les biens, les réclamer, et celles dont l'actif excédait le passif réclamer cet excédent. *Alors, il faudrait ou leur rendre leurs propriétés, ce qui priverait la Nation des ressources dont elle a besoin, ou les inscrire sur le grand livre, ce qui augmenterait la dette publique.*

« *Entreprendre de réparer les injustices qu'ont pu produire plusieurs années de révolution* SERAIT UNE ABSURDITÉ; *l'exécution serait impossible, à moins d'une révolution nouvelle.* Le sentiment de *cette vérité* a fait souvent rejeter des [réclamations individuelles... Cette *franchise* est *seule digne* du Corps législatif; il ne doit jamais faire de promesse illusoire (2). »

Ainsi, le Conseil des Cinq-Cents devait, sans trouble ni murmure, entendre l'un de ses membres les plus autorisés déclarer qu'une révolution consommée au nom de la justice, pour restituer des droits naturels et rendre notamment la propriété inviolable, avait été une source d'iniquités irréparables, de méconnaissance des titres les plus certains, de spoliations manifestes!

Bien différent fut le langage de Mollevant, organe de la Commission du Conseil des Anciens. « Les voilà donc anéanties, s'écriait-il, et les conventions et les propriétés des communes! Quelle garantie, désormais, pour celles des individus? Le pacte social est brisé. » Plus loin, le rapporteur n'hésite point à dire que « l'opération de 1793 » ouvrit « un nouveau champ » aux « rapines » « de ce ramas impie de brigands, les plus exécrables que la

---

(1) Art. 91 de la loi du 24 août 1793 (contrarié par les art. 90 et 92) ; décrets des 2 messidor an II et 23 floréal an III (pour Bordeaux).
(2) Rapport du 6 nivôse an V.

nation, dans sa colère, ait jamais enfantés » et dont « le 9 thermidor purgea enfin la terre » ; puis, cherchant les effets de la nationalisation des biens communaux dans le but poursuivi et le texte qui prescrit la mesure, Mollevant conclut qu'il serait « fort raisonnable » de déclarer que les communes sans dettes « ne sont pas expropriées et que celles qui en ont conservent de leur actif ce qui l'excède. Mais cette conséquence est fort affaiblie par l'esprit et la lettre du décret qui frappe les communes *en masse* et qui *les rend en quelque sorte solidaires* l'une pour l'autre (1). »

N'était-ce point assez, pour le Trésor, d'avoir à liquider ses innombrables dettes, et qu'avait-il besoin d'assumer une nouvelle tâche, en s'occupant du règlement des dettes communales? Cambon, organe du comité des finances à la Convention, apprend, sans déguisement, à quel mobile on obéissait : « Déclarez nationales, dit-il, les dettes des communes, en déclarant propriétés nationales tout leur actif, excepté les biens communaux dont le partage est décrété et les meubles et les immeubles destinés aux établissements publics. Vous n'aurez plus d'administrations municipales qui, avec des fonds particuliers, *pourraient avoir l'idée* de se séparer de la grande commune; vous enlèverez aux partisans de l'ancien régime le moyen de placer leurs fonds sur des anciens titres qui survivraient à une *régénération de la dette;* formez un ensemble de toute la dette publique, de quelque part qu'elle vienne ; qu'elle soit une, comme le gouvernement qui vient d'être adopté (2). »

Le même rapporteur ajoutait que la mesure proposée porterait « *la consolation* dans l'âme des créanciers », ceux-ci ayant à opter entre la remise de domaines nationaux, dont beaucoup de gens craignaient d'être évincés, et la réception d'assignats dont le cours baissait continuellement!

Le Consulat et l'Empire, nous l'avons dit, favorisèrent l'augmentation des ressources communales ; mais le fisc prit sa part de cette plus-value; d'abord, il y eut la dîme des octrois prélevée pour le pain des troupes (3), puis un vingtième de tous les revenus, pour les vétérans (4) et un centième pour les invalides (5). L'État rejeta,

---

(1) Rapport du 19 ventôse an V.
(2) Rapport du 14 août 1793.
(3) Arrêté consulaire du 24 frimaire an XI.
(4) Décret du 24 floréal an XIII.
(5) Décret du 25 mars 1811.

de plus, sur les villes à octrois, l'entretien des lits militaires (1).
Avec ce double mécanisme ayant pour but de puiser des recettes
et de déverser des dépenses, on conçoit dans quelle situation tom-
bèrent les communes, lors des invasions de 1814 et de 1815. Les
révolutions périodiques et la guerre de 1870, jointes aux charges
accumulées qui devraient incomber à l'État, ont empiré le mal,
dont la gravité n'a pu que s'accentuer encore, grâce, tantôt à des
excitations préfectorales, tantôt à des complaisances du pouvoir,
vis-à-vis d'assemblées locales à ménager. Aussi les engagements
et budgets de l'époque actuelle dépassent-ils, de beaucoup, ceux
que nos pères regardaient comme écrasants (2).

Le nombre des centimes extraordinaires, d'intérêt départemental ou communal, a suivi, par rapport au principal des quatre
contributions directes, une progression rapide ; il était :

En 1850	de 15 c.	soit, par année, une augmentation de 0 c. 47
1869	24	
1875	42,8	— — 0 c. 88
1893 (3)	58,6	

Il serait curieux de rapprocher du principal des taxes sur les
boissons, perçues par l'Etat, le montant des surtaxes autorisées au
profit de certaines communes ; mais ce calcul demanderait une
ventilation, qui n'a pas été faite, dans les comptes généraux des
finances, entre les recettes sur les boissons afférentes, d'une part,
aux villes avec octrois et, d'autre part, aux localités sans octrois.

En tout cas, une chose est certaine : ni les droits principaux
prélevés par le Trésor, ni les accessoires ajoutés au profit des
communes, ni la nécessité d'une loi pour grever les liquides de
surtaxes dépassant le double de la perception effectuée par l'Etat,
n'ont empêché la consommation des alcools de s'étendre.

Que faut-il conclure de tous les faits qui viennent d'être exposés ?
L'enseignement à en tirer est aussi net que digne de méditation.

La tutelle administrative a eu sa raison d'être, lorsqu'elle fut
instituée, affermie, parce qu'elle avait pour but de parer à des
abus et d'établir des règles salutaires, si elles étaient sérieusement
observées. Mais, à la faveur des avantages réalisés, l'Etat ne crai-
gnit pas de drainer les épargnes procurées par les réformes qu'on

(1) Décret du 7 août 1810 et avis du Conseil d'Etat du 29 mars 1811.
(2) Voir le tableau de la page ci-contre.
(3) Les comptes généraux des finances, depuis l'exercice 1894, ne donnent
plus de détails sur les produits des centimes non perçus au profit du Trésor.

Il n'existait, en 1768, que 25 villes percevant 100,000 livres d'impôts, qui correspondaient à 269,000 francs de nos jours ; toutes choses égales (1), voici leur situation, dans le passé et dans le présent :

DÉSIGNATION DES LOCALITÉS	POPULATION 1785-1787 (2)	POPULATION 1891 (3)	Augmentation %	RECETTES 1768 (4)	RECETTES 1891 (5)	Augmentation %	DETTES 1768 (6)	DETTES 1891 (7)	Augmentation %
Aix......	24.500	29.000	18.3	839.000	592.000	— 29.4	9.346.000	2.933.000	— 68.6
Amiens........	43.300	80.300	85.4	625.000	2.548.000	307.7	7.315.000	4.237.000	— 42.0
Arles.........	18.800	23.500	25	429.000	496.000	15.6	9.588.000	2.645.000	— 72.4
Arras.........	20.400	26.900	31.8	362.000	785.000	116.7	2.024.000	1.054.000	— 47.9
Bayonne.......	20.000	27.300	36.5	301.000	657.600	118.4	1.640.000	442.000	— 271.0
Besançon......	20.200	56.500	180	466.000	1.598.000	242.9	835.000	4.886.000	485.1
Bordeaux......	82.600	240.500	191	543.000	11.118.000	1.947	4.790.000	34.279.000	615.6
Cambrai......	15.300	23.900	56.2	293.000	696.300	137.6	996.000	5145000	— 48.3
Douai........	18.000	30.000	66.7	678.000	784.200	15.6	1.964.000	393.000	— 80.0
Dunkerque....	28.500	38.000	33.3	796.000	1.505.000	89	800.000	34.380.000	— 4.197.0
Grasse.......	9.100	12.200	34	357.000	303.000	— 15.1	710.000	1.703.000	140.0
Lille.........	92.800	188.300	102.9	3.063.000	7.351.000	140	13.515.000	35.918.000	165.7
Lyon.........	138.600	402.000	190	3.794.000	14.109.000	1.677	22.600.000	54.905.000	142.9
Metz........	*Mémoire*								
Montpellier....	33.200	56.800	71	330.000	2.104.000	537.5	3.260.000	11.427.000	250.5
Orléans........	35.600	60.800	70.8	374.000	1.801.000	381.5	1.609.000	7.181.000	346.3
Paris.........	524.200 (8)	2.344.600	307	12.036.000	292.679.000	2.333	75.553.000	1.872.000.000	2.377
Reims........	30.600	97.900	219.8	359.000	3.342.000	822.5	379.000	4.895.000	1.191.0
Rouen........	65.000	107.200	64.9	972.000	5.284.000	443.6	3.643.000	41.576.000	1.507.0
Saint-Omer....	14.600	21.300	45.6	463.000	419.000	— 9.5	749.000	292.000	— 61.0
Tarascon.....	9.900	9.300	— 0.6	332.000	177.000	— 87.5	712.000	466.000	— 34.5
Toulon.......	30.100	70.100	133	700.000	1.988.000	184	2.445.000	2.829.000	15.7
Toulouse......	55.000	147.600	168	894.000	3.990.000	346.3	6.524.000	18.317.000	180.7
Troyes........	30.700	47.000	50.3	300.000	1.409.000	369.6	472.000	2.022.000	328.4
Valenciennes ..	27.100	27.600	— 1.8	1.000.000	782.000	— 27.8	827.000	1.777.000	114.8
TOTAUX......	1.388.100	4.168.600	200.0	30.296.000	356.485.100	1.076.	170.466.000	2.141.077.000	1.156.0
Moyenne par tête.................				21 f. 84	85 f. 51	291.5 %	122 f. 81	501 f. 36	308.24 %

(1) C'est-à-dire en ramenant au type monétaire actuel les sommes énoncées en livres tournois, et en tenant compte du pouvoir relatif des espèces, aux deux époques mises en comparaison.

(2) Archives nationales D IV *bis* 47 ; relevés faits par M. de la Michodière, en vue des élections aux Etats Généraux. On objectera, peut-être, qu'il y a eu, de 1768 à 1787, dans les villes ci-dessus indiquées, un accroissement de population, que nos calculs négligent ; mais les données qu'on possède sur cette augmentation ne permettent pas d'évaluer à plus de 1/10 la différence survenue, ce qui ferait 220 %, au lieu de 200 % ; d'ailleurs, depuis 1764, les dépenses des villes furent fixées invariablement.

(3) Recensement officiel (publication du ministère de l'intérieur).

(4) Archives du ministère des affaires étrangères, fonds de France, 1353.

(5) Situation financière des communes (publication du ministère de l'intérieur).

(6) Archives des affaires étrangères, *ut suprà*.

(7) Situation financière, etc.

(8) Chiffre inexact ; M. de la Michodière multipliait par 30 le nombre moyen des naissances de plusieurs années. (V. Mémoires de l'Académie des sciences, 1783.)

devait croire inspirées dans l'intérêt des populations assujetties.

Depuis que notre malheureux pays est en proie aux divisions intestines, cette tutelle devint un moyen de gouvernement, car elle s'est toujours mue dans le cercle d'un pouvoir discrétionnaire, qui échappe, par conséquent, à tout recours juridique. Aujourd'hui, elle est illusoire, pour contenir les assemblées électives, auxquelles on craindrait de faire perdre leur prestige sur ceux qui les nomment, en exerçant même un simple contrôle sur le fond des actes soumis à homologation.

En revanche, la tutelle peut servir d'instrument de vexations, à l'égard des conseils qui prendraient une attitude déplaisante, pour les surveillants mobiles dont ils sont entourés.

Convient-il de laisser toute latitude aux corps et agents qui représentent les collectivités locales ? Non certes : l'arbitraire et l'iniquité ne font que trop souffrir déjà les populations honnêtes et tranquilles, à la faveur d'attributions faussées dans leur but et mises au service de passions sectaires.

Mais, comme nous le disions à propos d'un autre objet qui, lui aussi, se rapporte à l'utilité générale, « une institution fondée pour le bien public ne conserve sa raison d'être qu'autant qu'elle répond à des besoins actuels ; si cette condition... n'est plus remplie, on doit modifier l'institution ou la supprimer, suivant qu'elle se prête à une transformation en rapport avec les exigences reconnues de l'intérêt à satisfaire, ou qu'elle résiste à des changements, parce qu'ils lui feraient perdre son caractère (1). »

L'expérience a prononcé sur les mérites actuels du système de la tutelle administrative, qui n'empêche plus aucun mal et s'oppose à beaucoup de bien.

Au lieu de garanties factices et de moyens dangereux, qui ne protègent que le maintien d'un état de dépendance, sans avantages compensatoires, il faut chercher une sauvegarde sérieuse des intérêts du contribuable, qui se lient à l'épargne et à l'activité nationales ; il faut investir d'une part légitime d'influence les tributaires et rendre responsables, à l'aide de sanctions sévères, ceux qui compromettent le présent et l'avenir, par des folies commises dans un but de malsaine popularité. (*Applaudissements.*)

(1) *Les Secours à domicile dans la ville de Paris* (1892), cour. par l'Inst.

Paris. — Imprimerie F. Levé, rue Cassette, 17.

ÉCOLE DE LA PAIX SOCIALE

BIBLIOTHÈQUE ANNEXÉE

LA RÉFORME SOCIALE

REVUE BI-MENSUELLE FONDÉE PAR F. LE PLAY EN 1881

Avec la collaboration de MM. ANT. D'ABBADIE — PAUL ALLARD — J. ANGOT DES ROTOURS — F. AUBURTIN — ALBERT BABEAU — PAUL BAUGAS — H. BEAUNE — BÉRENGER — A. BÉCHAUX — G. BLONDEL — V. BOGISIC — VICTOR BRANTS — J. CAZAJEUX — E. CHEYSSON — A. DES CILLEULS — A. DELAIRE — CH. DEJACE — ARTHUR DESJARDINS — PAUL DESJARDINS — ERNEST DUBOIS — E. DUTHOIT — ETCHEVERRY — G. FAGNIEZ — FOURNIER DE FLAIX — FOUGEROUSSE — FUNCK-BRENTANO — A. GIBON — ALBERT GIGOT — GLASSON — LOUIS GUIBERT — GRUNER — URBAIN GUÉRIN — HUBERT-VALLEROUX — J. IMBART DE LA TOUR — HENRI JOLY — ARMAND JULIN — CLÉMENT JUGLAR — J. LACOINTA — LAGASSE — RENÉ LAVOLLÉE — LÉON LEFÉBURE — ALBERT LE PLAY — ANATOLE LEROY-BEAULIEU — E. LEVASSEUR — RAPHAËL-GEORGES LÉVY — PAUL DE LOYNES — DE LUÇAY — DU MAROUSSEM — JULES MICHEL — A. MOIREAU — L. OLLÉ-LAPRUNE — G. PICOT — O. PYFFEROEN — A. RAFFALOVICH — J. RAMBAUD — CH. DE RIBBE — EUGÈNE ROSTAND — SANTANGELO SPOTO — RENÉ STOURM — VICTOR TURQUAN — MAURICE VANLAER — WELCHE — ETC., ETC.

La Réforme sociale étudie les problèmes économiques et sociaux qui tiennent aujourd'hui le premier rang dans les préoccupations de l'opinion publique. Elle en demande la solution à l'observation des faits et à la pratique des lois morales, selon la méthode de F. Le Play, en dehors de tout esprit de parti et de toute théorie préconçue. Elle préconise tout un ensemble de réformes dont le cours des événements démontre de plus en plus l'urgente nécessité, et auxquelles se rallient chaque jour les esprits les plus éminents. Grâce à la sympathie grandissante que lui a témoignée le public éclairé, elle a pu, en commençant sa 3° série, prendre des développements considérables.

La Réforme sociale paraît le 1er et le 16 de chaque mois par fascicule in-8° de 80 pages, et forme par an deux forts volumes de 900 à 1000 pages chacun, complétés par des tables analytiques.

Une bibliographie méthodique analyse, au point de vue social, tous les recueils périodiques importants de la France et de l'étranger, ainsi que les publications nouvelles. Par cette innovation *la Réforme sociale* est devenue le guide le plus utile pour ceux que leur profession ou leurs études obligent à être rapidement et sûrement renseignés sur le mouvement social contemporain.

Conditions d'abonnement. — France : un an, **20** fr. ; six mois, **11** fr. — Union postale : un an, **25** fr. ; six mois, **14** fr. — En dehors de l'Union postale, port en plus.

Les membres des Unions de la Paix sociale reçoivent la *Réforme sociale* au prix réduit de **15** fr. (v. la notice sur les Unions).

Bureaux : Rue de Seine, 54.

LES OUVRIERS DES DEUX MONDES

ÉTUDES SUR LES TRAVAUX, LA VIE DOMESTIQUE & LA CONDITION MORALE DES POPULATIONS OUVRIÈRES

DEUXIÈME SÉRIE — Tome IV. — Prix : 15 francs.

Dernières monographies parues : *Ajusteur surveillant à l'usine de Guise; Ébéniste parisien; Métayer du Texas; Ouvrière en jouets parisiens; Savetier de Bâle; Ouvrier employé de la Papeterie coopérative d'Angoulême; Fermiers du Forez; Armurier de Liège; Fileur du Val-des-Bois.*

Commencée en 1856, sur le vœu émis par l'Académie des Sciences en couronnant les *Ouvriers européens* de F. Le Play, cette publication réunit, sous la forme de monographies de familles avec budgets domestiques et tableaux statistiques, des documents du plus haut intérêt pour l'histoire des faits économiques et la discussion des questions sociales.

Il paraît un fascicule tous les trois mois. Prix : **2** fr. En souscrivant d'avance : **1** fr. **50.** Le Tome V est en cours.

INSTRUCTION SUR LA MÉTHODE D'OBSERVATION dite des **monographies de familles.** 2° édition, revue et développée par AD. FOCILLON, avec spécimens de monographies. In-8° de 208 p. .... **2** fr.